海上絲綢之路基本文獻叢書

交黎剿平事略（上）

〔明〕歐陽必進 撰

文物出版社

圖書在版編目（CIP）數據

交黎剿平事略．上／（明）歐陽必進撰．-- 北京：文物出版社，2022.6
（海上絲綢之路基本文獻叢書）
ISBN 978-7-5010-7420-4

Ⅰ．①交… Ⅱ．①歐… Ⅲ．①中國歷史－雜史－史料－明代 Ⅳ．①K248.104.5

中國版本圖書館 CIP 數據核字（2022）第 065107 號

海上絲綢之路基本文獻叢書

交黎剿平事略（上）

著　　者：〔明〕歐陽必進
策　　划：盛世博閲（北京）文化有限責任公司

封面設計：鞏榮彪
責任編輯：劉永海
責任印製：張道奇

出版發行：文物出版社
社　　址：北京市東城區東直門内北小街 2 號樓
郵　　編：100007
網　　址：http://www.wenwu.com
郵　　箱：web@wenwu.com
經　　銷：新華書店
印　　刷：北京旺都印務有限公司
開　　本：787mm×1092mm　1/16
印　　張：8.375
版　　次：2022 年 6 月第 1 版
印　　次：2022 年 6 月第 1 次印刷
書　　號：ISBN 978-7-5010-7420-4
定　　價：90.00 圓

總緒

海上絲綢之路，一般意義上是指從秦漢至鴉片戰争前中國與世界進行政治、經濟、文化交流的海上通道，主要分爲經由黄海、東海的海路最終抵達日本列島及朝鮮半島的東海航綫和以徐聞、合浦、廣州、泉州爲起點通往東南亞及印度洋地區的南海航綫。

在中國古代文獻中，最早、最詳細記載『海上絲綢之路』航綫的是東漢班固的《漢書·地理志》，詳細記載了西漢黄門譯長率領應募者入海『齎黄金雜繒而往』之事，書中所出現的地理記載與東南亞地區相關，并與實際的地理狀況基本相符。

東漢後，中國進入魏晋南北朝長達三百多年的分裂割據時期，絲路上的交往也走向低谷。這一時期的絲路交往，以法顯的西行最爲著名。法顯作爲從陸路西行到印度，再由海路回國的第一人，根據親身經歷所寫的《佛國記》（又稱《法顯傳》）一書，詳細介紹了古代中亞和印度、巴基斯坦、斯里蘭卡等地的歷史及風土人情，是瞭解和研究海陸絲綢之路的珍貴歷史資料。

隨着隋唐的統一，中國經濟重心的南移，中國與西方交通以海路爲主，海上絲綢之路進入大發展時期。廣州成爲唐朝最大的海外貿易中心，朝廷設立市舶司，專門管理海外貿易。唐代著名的地理學家賈耽（七三〇～八〇五年）的《皇華四達記》記載了從廣州通往阿拉伯地區的海上交通『廣州通夷道』，詳述了從廣州港出發，經越南、馬來半島、蘇門答臘半島至印度、錫蘭，直至波斯灣沿岸各國的航綫及沿途地區的方位、名稱、島礁、山川、民俗等。譯經大師義净西行求法，將沿途見聞寫成著作《大唐西域求法高僧傳》，詳細記載了海上絲綢之路的發展變化，是我們瞭解絲綢之路不可多得的第一手資料。

宋代的造船技術和航海技術顯著提高，指南針廣泛應用於航海，中國商船的遠航能力大大提升。北宋徐兢的《宣和奉使高麗圖經》詳細記述了船舶製造、海洋地理和往來航綫，是研究宋代海外交通史、中朝友好關係史、中朝經濟文化交流史的重要文獻。南宋趙汝適《諸蕃志》記載，南海有五十三個國家和地區與南宋通商貿易，形成了通往日本、高麗、東南亞、印度、波斯、阿拉伯等地的『海上絲綢之路』。宋代爲了加强商貿往來，於北宋神宗元豐三年（一〇八〇年）頒佈了中國歷史上第一部海洋貿易管理條例《廣州市舶條法》，并稱爲宋代貿易管理的制度範本。

元朝在經濟上採用重商主義政策，鼓勵海外貿易，中國與歐洲的聯繫與交往非常頻繁，其中馬可•波羅、伊本•白圖泰等歐洲旅行家來到中國，留下了大量的旅行記，記録元代海上絲綢之路的盛况。元代的汪大淵兩次出海，撰寫出《島夷志略》一書，記録了二百多個國名和地名，其中不少首次見於中國著録，涉及的地理範圍東至菲律賓群島，西至非洲。這些都反映了元朝時中西經濟文化交流的豐富内容。

明、清政府先後多次實施海禁政策，海上絲綢之路的貿易逐漸衰落。但是從明永樂三年至明宣德八年的二十八年裏，鄭和率船隊七下西洋，先後到達的國家多達三十多個，在進行經貿交流的同時，也極大地促進了中外文化的交流，這些都詳見於《西洋蕃國志》《星槎勝覽》《瀛涯勝覽》等典籍中。

關於海上絲綢之路的文獻記述，除上述官員、學者、求法或傳教高僧以及旅行者的著作外，自《漢書》之後，歷代正史大都列有《地理志》《四夷傳》《西域傳》《外國傳》《蠻夷傳》《屬國傳》等篇章，加上唐宋以來衆多的典制類文獻、地方史志文獻，集中反映了歷代王朝對於周邊部族、政權以及西方世界的認識，都是關於海上絲綢之路的原始史料性文獻。

海上絲綢之路概念的形成，經歷了一個演變的過程。十九世紀七十年代德國地理學家費迪南・馮・李希霍芬（Ferdinad Von Richthofen，一八三三～一九〇五），在其《中國：親身旅行和研究成果》第三卷中首次把輸出中國絲綢的東西陸路稱爲『絲綢之路』。有『歐洲漢學泰斗』之稱的法國漢學家沙畹（Édouard Chavannes，一八六五～一九一八），在其一九〇三年著作的《西突厥史料》中提出『絲路有海陸兩道』，蘊涵了海上絲綢之路最初提法。迄今發現最早正式提出『海上絲綢之路』一詞的是日本考古學家三杉隆敏，他在一九六七年出版《中國瓷器之旅：探索海上的絲綢之路》中首次使用『海上絲綢之路』一詞；一九七九年三杉隆敏又出版了《海上絲綢之路》一書，其立意和出發點局限在東西方之間的陶瓷貿易與交流史。

二十世紀八十年代以來，在海外交通史研究中，『海上絲綢之路』一詞逐漸成爲中外學術界廣泛接受的概念。根據姚楠等人研究，饒宗頤先生是華人中最早提出『海上絲綢之路』的人，他的《海道之絲路與昆侖舶》正式提出『海上絲路』的稱謂。選堂先生評價海上絲綢之路是外交、貿易和文化交流作用的通道。此後，大陸學者馮蔚然在一九七八年編寫的《航運史話》中，使用『海上絲綢之路』一詞，這是迄今學界查到的中國大陸最早使用『海上絲綢之路』的人，更多地限於航海活動領域的考察。一九八〇年北京大學陳炎教授提出『海上絲綢之路』研究，并於一九八一年發表《略論海上絲綢之路》一文。他對海上絲綢之路的理解超越以往，且帶有濃厚的愛國主義思想。陳炎教授之後，從事研究海上絲綢之路的學者越來越多，尤其沿海港口城市向聯合國申請海上絲綢之路非物質文化遺産活動，將海上絲綢之路研究推向新高潮。另外，國家把建設『絲綢之路經濟帶』和『二十一世紀海上絲綢之路』作爲對外發展方針，將這一學術課題提升爲國家願景的高度，使海上絲綢之路形成超越學術進入政經層面的熱潮。

與海上絲綢之路學的萬千氣象相對應，海上絲綢之路文獻的整理工作仍顯滯後，遠遠跟不上突飛猛進的研究進展。二〇一八年厦門大學、中山大學等單位聯合發起『海上絲綢之路文獻集成』專案，尚在醖釀當中。我們不揣淺陋，深入調查，廣泛搜集，將有關海上絲綢之路的原始史料文獻和研究文獻，分爲風俗物産、雜史筆記、海防海事、典章檔案等六個類别，彙編成《海上絲綢之路歷史文化叢書》，於二〇二〇年影印出版。此輯面市以來，深受各大圖書館及相關研究者好評。爲讓更多的讀者親近古籍文獻，我們遴選出前編中的菁華，彙編成《海上絲綢之路基本文獻叢書》，以單行本影印出版，以饗讀者，以期爲讀者展現出一幅幅中外經濟文化交流的精美畫卷，爲海上絲綢之路的研究提供歷史借鑒，爲『二十一世紀海上絲綢之路』倡議構想的實踐做好歷史的詮釋和注脚，從而達到『以史爲鑒』『古爲今用』的目的。

凡例

一、本編注重史料的珍稀性，從《海上絲綢之路歷史文化叢書》中遴選出菁華，擬出版百册單行本。

二、本編所選之文獻，其編纂的年代下限至一九四九年。

三、本編排序無嚴格定式，所選之文獻篇幅以二百餘頁爲宜，以便讀者閱讀使用。

四、本編所選文獻，每種前皆注明版本、著者。

五、本編文獻皆爲影印，原始文本掃描之後經過修復處理，仍存原式，少數文獻由於原始底本欠佳，略有模糊之處，不影響閱讀使用。

六、本編原始底本非一時一地之出版物，原書裝幀、開本多有不同，本書彙編之後，統一爲十六開右翻本。

目録

交黎剿平事略（上）　序至卷二　〔明〕歐陽必進　撰　明嘉靖三十年刻本……………一

交黎剿平事略（上）

交黎勦平事略（上）

序至卷二

〔明〕歐陽必進 撰

明嘉靖三十年刻本

交黎撫勦事略序

交黎撫勦事略者集總督少司馬安成歐陽公所爲經略文字也先是嘉靖丁未安南都統之孽莫正中者以衆来奔其黨范子儀寇欽州戕我偏裨圍城掠野邊民苦之越明年黎賊那燕

挾衆攻厓感諸州縣靡沸事聞
上震怒屬公議勦平之又踰年議
成協議者少保平江伯陳公侍
御盧陵黃公莆田陳公內江蕭
公連百粤之兵簡文武之士統
督之以副總兵三司於是參政
沈君應龍有交之役都督僉事

沈君希儀副使錢君嶫朱君道
瀾僉事徐君緝參將武君鸞都
指揮張君國威有黎之役副使
黃君光昇方君民悅都指揮俞
君大猷則二役兼有之既乃移
鎮海上刻期底定伏波樓船之
功不是過矣公自經始告成及

預處兵後夙夜焦勞兢惕籌慮
萬全其大要則審兵端勵士氣
峙糗粻精器備核功罪增守臣
也爲疏若干首檄若干首鏊讀
之竊歎曰公可謂善於兵矣說
者謂交處一隅黎奉有司質約
其敢於矯虔擅署置踰犯近疆

一時祖征之勞皆前所未有而
況烟嶼瘴溪神出而鬼沒者以
奇勝也然有進于是焉且
中國之體重矣公豈忍吾民于水
火而忘憤慨乎顧惟
皇上大德如天無有遠邇內外均
於覆燾生育剃夷惡未盈猶庶

幾憬化是故公之誓師也文告
娓娓苟可致附而来猶將緩功
徐戰以爲之所也何其不獲已
歟公捷聞者二俘馘者累數千
計然善惡是非如判黑白無弗
畏且悦焉荒裔羈縻之臣屬朝
者款關貢者譯至又如覲雲日

于雷霆霜霰之後豈偶然哉於
此尤見公之不獲已也公之善
兵蓋在於此雖然余尤有槩窺
于公也公天性端嚴而厚重其
爲政惟務休息節養相安於無
事而未嘗一毫矜詡蓋仁人君
子心乎國家者也而博學宏識

邃於春秋其致審於華夷之辨
帝王以仁義爲兵盖有本焉然
則公之善兵又可知也庚戌之
夏
上以公久勞邊陲
嘉殊勲進南京都察院右都御史
副憲方君勞来疆理於海之南

北梓是集識公惓惓兵後之意
且謂予竊淑有年矣俾僭言於
首集凡二帙卷以彙分終二役
而止蓋公鎮廣以來諸他敷奏
論議視此殆什之七八尚以俟
紀太平者述焉
嘉靖辛亥孟春既望

賜進士正奉大夫廣東布政使司
左布政使前奉
敕提督學校浙江按察司副使翰
林院庶吉士南昌張鏊謹序

交黎勦平事畧目録

第一卷
地圖
交南疆域圖
瓊州府疆域圖
第二卷
奏疏
保留良將以安邊方以弭夷患疏
擒獲夷賊功次疏
第三卷

奏疏
平定夷賊查覈功罪以明賞罰疏
安南歲貢疏
擒斬獲叛賊疏

第四卷

奏疏
走報地方緊急黎情疏
懇乞大兵勦除劇惡黎賊早救民命以全
地方疏
預處兵後地方以圖治安疏

懇乞大兵勦除劇悪黎賊早救民命以全
地方疏

勦平黎賊查覈功罪以明賞罰疏

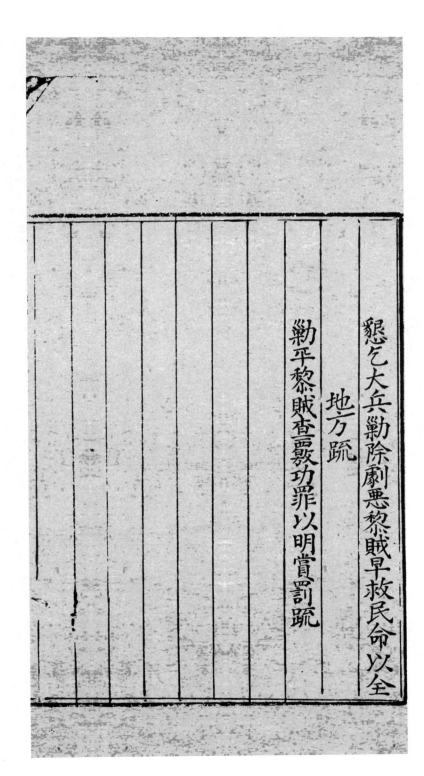

交黎勦平事畧卷之一

交黎地圖

地圖者所以明華夷之限列山海之形識險夷之勢稽廣狹之治夫限明則藩防重形列則地利著勢識則守禦嚴治稽則撫敘盡欽之於交也限防峻矣順而懷之逆則威之制禦蠻夷之常道也瓊黎與吾民錯居非交南在嶺隅之外者比誅亂撫良綏和而變化之即吾民也觀斯圖者可以知勦平交黎之畧矣

交黎勦平事畧卷之一

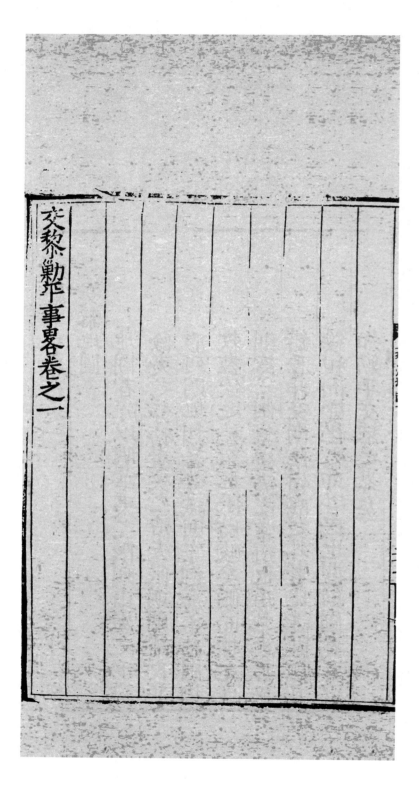

交黎勦平事畧卷之二

奏疏

欽差提督兩廣軍務兼理廵撫兵部右侍郎兼都察院右副都御史臣歐陽　爲保留良將以安邊方以弭夷患事據廣東肇慶府新興縣申爲乞留真將救生靈以靖地方事准本縣知縣陳彷關據本縣儒學廪增附生員李建中梁一清等連名呈稱切惟新興僻居萬山猺獞接踵盜賊爲害匪常嘉靖初年奉兵征討未幾逋者復萌嘉靖二十四年以來賊首葉子寬蘇青竹蘇

班虎吳廣盛梁汝清譚元清等徒黨縱橫肆出
刼害鄉村殺擄人牛燒毀房屋姦淫婦女慘毒
極甚近雖招撫則其背叛不常黎民聊生無計
賴有麾撫今編排門丁夫立以千百長約束互
相覺察守禦幸蒙真將都司俞大猷按守彼地
未得旬月盡將各營兵壯點閘倍加整理其各
千百長保甲丁夫人等各備盔甲器械編成行
伍時親教演率縣鄉民咸知有勇雖制梃可以
撻彼強賊各招新民分執約法三條號票嚴明
讀者罔不心寒股慄且密察各賊住址緊關隘

徑諭撫適得其時殄滅將有其機一動百舉隱然其勢風聞本官近陞别用合邑士民莫不扼腕搥胷偶得平害主將又爲他邦所奪民苦何日得蘇伏乞將衆切情轉申借冦則與民倒懸之苦可觧而父毋斯民之念悉庇矣又據通縣六都鄉官耆民家甲千百長排年里老鄉民歐世與陳大用等連名狀保切惟本邑地僻徭賊擾亂多年民遭雹害不得安生雖蒙招撫各賊住種患害不除每日紛亂甚於在山百姓厄難扶首而食被害鄉民屡次上訴幸俞都司新臨

下邑拯民於水火之中宜布威令督編家甲大綱小紀一一裁制事宜罔不周備未幾月餘兇頑遁迹我等后來得蘇望風仰德何幸如之踵臨鄉都不用乘騎自裹行糧素無勞傷民財而急在救我衆民荒凉境土亘古至今罕逢韜略教閱技能教民習戰忽聞遷喬當任大權而我均一天下之民理無彼此之殊何以棄急而從其緩若不披訴保留攀轅臥轍必復孽害昔聞善政尚且借寇一年乞爲申請保留大任殄掃賊患毋容遺類一邑士夫軍民實霑恩惠呈保

到職據此看得本縣地方民猺雜居盜賊淵藪
近年以來刼殺肆出荼毒太甚
天厭兇殘惠茲奇傑忠義性植誓不與賊俱生韜略
飫聞期滅此而朝食躬親較武不辭矢石之勞
単騎臨營帥先夫甲之氣誠信之諭孚於逆黨
奇正之謀協於機宜猺浪聞之而漸以寒心招
撫見之而日亦斂跡長城所在命脉攸關有古
良將之風焉是新興積年之逋寇方藉是以殄
殪迍今一旦拜
命而行則新興之民終無所拯而地方之難亦不知

其所止矣合無俯順本縣學校里排迫切之下
情軫念百萬生靈之命脈乞賜本官勉留鎮壓
以清穢濁生民幸甚等因備申到臣案查先據
新興縣延壽芙蓉等六都被害排年鄉民歐廷
俸陳能梁茂達等連名狀告為累案背招重大
賊勢已遍林野百姓危急乞憐早賜徵兵討除
事已經批行據守巡嶺西道右叅政陳仕賢僉
事黄大鷹會呈稱查得新興縣東路照會都賊
首蘇班虎等約三百餘徒西都寧化都賊首譚
元清等二百餘徒北路芙蓉都賊首譚青蛇等

約四百餘徒皆湊合各山徭賊日益滋蔓勢甚
倡獗其餘各處盜賊難以盡舉生民至此塗炭
已極非得威武振揚以鎮壓之則兵非素練武
備未可以卒修民無固志保甲未易以卒定顧
欲以戢強賊之暴而拯斯民之困恐亦難矣合
無乞發土兵打手多則二千名少則千餘前去
該縣安插又得素有勇略將官一員督率調度
無事則時加閱習有警則相機制變向化不貳
者勿輕擾以安其反側之心肆惡不悛者毋輕
縱以養其效尤之禍俟營堡武備鄉民保甲稍

有次第然後制事回今照廣東都司軍政僉書署
都指揮僉事俞大猷武藝素精才猷懋著志存
立功望足威敵合無請乞行委前去督理振揚
威武其各該營堡俱聽約束遇有盜賊生發隨
機策應務使盜賊屏息患不及民其餘未盡事
宜許聽隨時酌處等因該臣會批參詳新興之
盜原係良民既已就撫安插終是顧惜身家或
官司無以安其反側或地方不樂於與之爲伍
釁隙既開變故莫測則亦有由矣都指揮俞大
猷依擬委用仰行本官懋闡才猷盡心所事不

必先耀兵威以駭視聽且開誠撫諭往來新恩之間督行候有次第則伸縮運用臨機應變皆在我矣及行都司轉行本官將原管本司印信暫交按察司副使黃光昇管理本官就彼兼程馳往新興地方查照該道原議明文從長計議相機撫捕原有未盡事宜聽臨機裁決一面呈報或增添兵糧酌定實數呈請定奪續據都指揮俞大猷呈稱新興浪賊時下雖聞風少安恐兇人之性未能即移叛發之賊難保其無如蒙調發慣戰狼兵一千名委肇慶衛勇畧素著原

任指揮聶紹統領前來使職約束調度待其兵
將相知遇有一二叛招村分用以鵰勦三月之
後可漸次遞回等因又該臣會議督發原任指
揮聶紹并委官督押目兵弩手前去收發在營
操練遇有賊徒越出爲患省令相機截殺續據
都指揮俞大猷呈爲薦舉將材乞假事權以濟
地方難危事准本司咨准福建都司咨奉巡撫
浙江兼管福建福興建寧漳泉等處海道地方
提督軍務都察院右副都御史朱　案驗准兵
部咨該本部題該巡撫都御史朱　題前事該

部看得都御史朱　題稱總督福建備倭署指揮使黎秀貪縱妨廢守備福建汀漳署都指揮僉事俞大猷謀勇素著歷試有功乞要將黎秀革任或行提問將俞大猷改任福建都司領黎秀備倭之職一節爲照閩浙海防大壞極弊非惟通番接濟之徒縱橫玩愒而備倭貪縱武備廢而不脩固禍本也巡視都御史朱　攬轡澄清痛釐積弊所據舉劾將材賢否更易地方而假重其事權實海防要務相應俯從合候

命下將黎秀先行革任仍咨都察院轉行巡按御史

提究需索常例隱匿損傷兵夫情罪具奏發落
俞大猷已陞廣東都司軍政僉書既有安戢之
功沿海鄉民追思保留而朱　亦謂用之海防
敢保有終合無改任福建都司職銜總督備倭
以代黎秀遺下廣東都司員缺本部另行推補
等因題奉
聖旨依擬欽此欽遵備行福建都司差人守催署都
指揮僉事俞大猷星馳前來本司到任等因備
呈前來又該臣會批此地方重委兩邑生靈已
盡付之矣今方有次第遽報移官攜任有未了

之務不得輒離此各省通例仰仍安心整理務
畢殊勳海道無事了此而趁未晚去後隨據前
因又該臣會同鎮守兩廣地方總兵官征蠻將
軍太保兼太子太保平江伯陳 巡按廣東監
察御史黄、 議照
國家地方之務本無分於彼此臣子職守之分亦
當盡其始終各省三司官員凡有委用重大事
情未完雖已陞任皆留用完報方許赴任自是
通行舊規況於兩廣事情關係軍務尤爲至重
查得先年廣西布政司右參政顧遂陞任湖廣

按察使因先委用未完廣西按察司副使戴璟
陞任江西參政因地方有事各留任且久今新
恩二縣生靈正在水火之中都指揮俞大猷自
會委以來即能遵行保甲訓習二事推誠鼓舞
畢智振揚今據士民懇告之情正在機會方動
之際若遽以陞任而去則前功盡棄後效莫圖
況福建海道自新開設督撫以來巨寇既獲宿
梗盡平已是清澄之期無可展布之地較之於
此事勢緩急迥然不同了此而趨亦屬未晚除
案行廣東布政司備行都指揮俞大猷照舊支

俾仍查照原行明文安心整頓展布才猷務期
盜賊屏息軍民安堵以慰一方士民之望以完
一任終始之績俟事寧之日方行呈請赴任該
司仍行福建都司查照轉呈彼處巡撫提督都
察院知會施行又該別卷爲夷目投生事先准
兵部咨該前提督兩廣軍務兵部右侍郎兼左
僉都御史張　會題前事備咨前來已經備行
將安南夷目莫正中莫文明等安插及會行廣
西左江道廣東海北道各守巡官并廣東布政
司轉行該道欽遵查照先今節行明文作速查

勘彼中事情即今有無安戢莫宏瀷有無存在
何處先年須給
勑印見係何人捧守如莫宏瀷見在各該官目耆士
人等就便扶護莫宏瀷正身刻期齊赴鎮南關聽
候委官審勘承襲緣由明實取具該司所屬宣
撫官目人等歸一供結并莫宏瀷親供宗圖同
委官不扶重甘結狀覆查的確具由通呈以憑
會議奏
請定奪續據督備龍憑等處地方南寧衛指揮戚
章揭帖禀稱訪得莫福海生莫宏瀷近於嘉靖

二十七年二月内生痘瘡故今該司未知何人
承襲等因又會行左江道守巡官督行南寧太
平等府衛掌印并督備官備行安南附近諒山
長慶等府衛査勘要見莫宏瀷是否伊何月日
染患痘瘡病故見今該司係是何人權管有無
相應承襲作速査明具由通行呈報以憑施行
若有別故亦要明白敷說續該臣接管査行各
道守巡官及廣東布政司各督催勘報隨據分
守雷廉高肇等處地方左叅將武鸞呈爲極惡
夷賊綁拏官軍殺死人命急救生靈事又經會

行叅將武鸞并海北道守巡官會督各該應捕官軍兵壯人等加謹防截又據廉州府申爲地方事據欽州申據尙長黄鳳陽等報稱本年陸月初叁日有安南夷目范子儀復回萬寧州春蘭社駐營至十八日見得勘事指揮孫正與千戶朶綸百户馬鋭在于交界北貞村䏿領兵前來將孫正虜去殺死旗軍一人斬傷二人范子儀即退回萬寧駐營備申到府看得該州切近彼地城孤兵寡彼賊雖任固不敢肆爲深入然河洲思勒等地未免被其荼毒思患預防誠不容

可不豫爲之地乞大振兵威調撥精兵数千委
驍勇將官数員前來欽州駐劄相機進取等因
到臣會行該道守巡官會同原任叅將武鸞嚴
督防守把截仍查究指揮孫正等失事緣由措
實叅呈續據欽州申同前因節經差官督發碣
石衛指揮胡紹勲南海衛百户朱世昌各哨官
軍并順德新會東莞三縣打手鋭手梁直鄧傑
周進等通共一千四十員名馳往廉欽地方聽
原任叅將武鸞會同行該道分守官分布防守及
行巡視海道副使黄光昇督行新會東莞二縣

預行雇備橫江烏艚船各十隻雇取後生兵夫
聽候軍門另行取用續據原任叅將武鸞亶稱
本年八月十三日夷目范子儀將指揮孫正并
各旗軍送回等因臣又會行帶管分守海北道
右叅議方民悅將指揮孫正千戶朶綸百戶馬
銳遵照臣欽奉
勅諭內事理拿問招解又據廉州府并欽州各申為
地方事俱會批仰守巡海北道會叅將武鸞速
勘議報詳又據督備龍憑等處地方潯州衛指
揮卞爵呈為歲

貢事繳到安南都統使司應襲都統使莫宏瀷申
稱宏瀷遵奉遺屬權統司事具申軍門代爲祈
請襲職雖未該奉
朝命然今恭遇
貢期莫宏瀷謹遵照先年
勅書仍倣如先國王世子故事委差宣撫同知阮倩
副使謝詢等齎捧奏啓本
表箋文并方物已於本年四月十一日起發住關候
命望乞責委諸司照舊差官前來鎮大關限日開鑰
等因該臣會議查係該司應

貢之期本應照例行委會官秤盤起運但查莫宏
瀷先次具申告哀
請封進
貢因與兵部原議不合駁行勘結未報續據夷目
莫正中莫文明等授生赴訴内稱莫宏瀷年當
五歲阮敬欺其幼弱肆行稱亂追逐篡瀷等情
亦節經行查未報又查廉州府行據安南海東
府牒報與莫正中等訴稱前情大畧相同又據
督備龍憑地方指揮戚章禀稱阮敬部下頭目
統集夷兵來彼壘放火燒去伊關近據本官又

稟稱訪得莫宏瀷於本年二月内生疽瘡故今
據該都統使司申請進
貢見係應襲莫宏瀷權管司事則與前項各報事
情迥然不同事干夷情又經案行左江道守巡
叅將官會委太平南寧二府掌印官并督備指
揮卞爵親詣鎮南關將該司差來宣撫同知阮
倩等會同審勘安南都統使莫福海是否於前
項月日病故莫宏瀷是否莫福海嫡子及嫡妻
某氏何年月日所生即今是否見在權管司事
曾否於何年月日患疽其權管司事見係何人

扶護原賜
勑書印信見係何人収掌該司官屬地方見今有無
和睦安輯彼時因何燒毁伊關駁行勘結因何
乆不回報如果別無他故暫省令回關聽候仍
行附近長慶諒山等府覆查明白具結作速申
報以憑議處題
請施行又據廉州衛申爲地方事據安南宣撫司
宣撫使范子儀等呈稱莫宏瀷的於今年二月
内瘟瘡病故并阮敬自僭稱竊乞轉申軍門請
發頭目莫正中回安南承襲管治等因又該臣

會議看得安南都統使司近申報應襲都統使
莫宏瀷遵例脩貢今夷目范子儀又稱莫宏瀷
的於今年二月内疸瘡病故彼此互異及查督
備指揮戚章先備安南應襲都統使莫宏瀷呈
開范子儀等懼誅逃于海陽安邦等路地方嘯
聚鼓亂今若莫宏瀷委果見存在司權事則范
子儀因何得以日久嘯聚盤薄邊疆併行案仰
該道守巡參將官備行太平南寧二府掌印官
并督備指揮卞爵會同將范子儀所呈前項事
情一併查訪要見莫宏瀷曾否的於前項月日

患痘是否見今權管司事其范子儀是否宣撫
使職事因何日久嘯聚前項邊界地方該司通
無整理通併訪勘的確明白具由通呈以憑議
處題
請施行隨據帶管分守海北道右条議方民悦呈
爲官軍行糧事批合浦靈山二縣如議於原允
應動銀兩内酌量支發買米運赴防城雷州府
既相近亦准行動支無礙銀一千五百兩買米
運赴欽州各應用不許推延遲悮仍選委的當
官掌管收支事完冊報横州擔運爲艱且不必

行又據廉州府申爲急缺官軍行糧事又批依
擬行又據帶管分守海北道右參議方民悅呈
觧犯人孫正等招由又批仰按察司再問招詳
又據帶管分守本道右參議方民悅分巡海北
道僉事陳崇慶會呈爲地方事會批仰廣東按
察司會同布都二司各掌印官從長計議具由
通詳并據分巡海北道僉事陳崇慶呈爲夷目
挍生事據廣西太平府呈送原差嵩長禓天縫
總旗林清齎執安南都統使司申本道公文一
角内開應襲都統莫宏瀷申爲地方事情事内

稱該奉分巡海北道會同議委指揮孫正督同
峝長禤天縫抵勘安南事情奉此莫宏瀷竊慮
宏瀷係先都統莫福海嫡子應該承襲緣被族
悪莫正中趂賊圖奪職位賴有合司官目盡力
扶持各轄路民照舊安帖莫宏瀷今當在司城
捧守
敕印權統司事累有行文申禀軍門及諸上司節奉
牌文行令莫宏瀷赴鎮南關候勘莫宏瀷已委
宣撫阮授萃等賫文繳報督備龍憑指揮戚章
乞限宏瀷護將

敕印并帶領宣撫莫敬等抵關聽審而未奉依期按
臨令蒙守備指揮孫正督差禓天縫等前來查
勘莫宏瀷就便委官伴遞禓天縫等回司仍與
接見并委付耆舊官目黎伯驪陳斐等捧將
天朝原賜祖父都統銀印一顆及
敕書二道并遞年使臣順齎
敕諭三道聽禓天縫等審勘并行令族目莫仁廣莫
大度等及各該管屬人等數百員名并會差禀
軍門及赴京謝
恩脩

貢范光佐范正教等及該司舊時官目前被莫正
中脅去今已回司省服應務如鄧文值范金梧
等一同前來證驗莫宏瀷郎遵照來帖回文并
奉具親供宗圖及所屬官目供結一樣四本付
禓天縫等領回仍差人隨同護送回稟守備指
揮轉達軍門上司會照庶該司的實事情得以
上達而正中叛黨無所滿生於
天朝憲綱中等因并宗圖供結各一本抄白原奉
勅書
勅諭并銀印字號共六張各到道案查先據指揮孫

正呈據安南安邦路海東府官范恒心等差監目裴廷猷齎遞公文一角為地方事内稱范恒心等查照先於嘉靖二十五年五月初十日該司應襲都統莫宏瀷遵奉先都統使莫福海遺屬權管司事就年九月日先都統祖故莫登庸庶孽莫正中見應襲都統莫宏瀷年幼潛與奸目阮如桂范子儀裴敬信等謀叛圖竊都統官位舊時官目鄧文值范金梧等并族屬莫文明等俱被他誘去聽從作叛這時該司叔父莫敬典暨耆老官目黎伯驪莫敬等數以大義討而

正之莫正中懼誅逃于海陽安邦路方嘯聚作
亂即月該司差委族目莫敬典同宣撫黎伯驪
莫敬等提兵攻勦今年六月日救目阮如桂等
已即伏誅其黨裴信敬等并他所脅去官目鄧
文值范金梧等一齊首服效順若杜世卿前已
病故惟莫正中負罪奔走該司累行令莫正中
能自悛革待以不死而莫正中執迷弗悟携帶
庚弟莫福山并不肖族屬莫文明莫仁智等違
禁越涌
天朝廣東欽州界投住其所捏作文詞誣訴委是虛

今年二月內被阮敬安置別處染瘟病故阮敬避居山西三島僭自稱竊若范恒心聽從阮敬假稱海東府官揑作牒文皆是妄誕非的真正公文不足憑據等情備呈到道參看得范子儀供詞專指莫宏瀷已故莫正中當立犬各吠非其主理則有之及據莫宏瀷申文并宗啚供結俱用我
朝原降印文甚爲明白可驗而宗啚枝派亦各分析曉然況經原差崗長楊天縫總旗林清潛身隱迹親至彼中一聞

天朝差人即遣迎如禮莫宏瀷親捧
勅諭印信與禤天縫等驗看而官屬莫仁廣等數百
員名俱一一具帖通名各申叩見仍護出疆其
視范子儀之狼子野心制縛職官敢於僭干
國紀者萬萬不侔及照范子儀來文止具供詞而
不開宗啚結狀中間別有隱情難於顯言者況
其所用印信皆夷方僞造不成篆文自與我
朝降給者逈別再查宏瀷所開宗啚莫正中係莫登
庸庶生第四子就使莫宏瀷不在彼尚有親弟
莫敦讓以倫序推之應否莫正中承襲但夷情

重大猶恐狡譎難測合無嚴行廣西左江道從
鎮南關正路覆勘真實如果與本道相同方行
奏
請及照宏瀷果存許令權理司事照舊通貢納款
比照軍職出幼之日具
奏襲職其莫正中等候奉
欽依發回彼地然後數儀賊不臣之逆徐興討罪之
師惟復別有定奪等因連將齎到莫宏瀷親供
宗啚及所屬宣撫官目供結與抄白原奉
勅諭并銀印字號呈繳到臣會批仰廣東布政司會

同按都二司查議報詳又據本道呈觧原差尚
長禓天縫等前來又批仰布政司會同按都二
司審議明當報詳續又據欽州申爲夷賊行刼
事內稱有夷賊范子儀等賊兵駕船一十二隻
至于那隆村行刼燒屋尚長黃溥等即禀守營
指揮湛翔督發軍兵僉同地方百長打手鄉夫
與賊對敵射傷不計當斬首級二顆及獲夷賊
一名解送到州收審等因又據該州申爲地方
事內稱有夷船四十餘隻突至龍門江口官涌
等處地面打刼有備倭百戶許鎮督軍對敵弓

矢用盡賊衆猖獗虜去百戶許鎮殺傷落水身
死隨據鄉夫甘奎殺獲賊級一顆解州收候并
據廉州府衛各申稱有夷船五十餘隻分散各
港烏雷白皮蠔利木涌等處行刧當督備倭官
軍兵壯前來追捕隨據鄉夫蔣三呈送殺獲賊
級一顆并報被賊殺死打手李填等二名等因
各申前來又經會行督催分巡海北道僉事陳
崇慶親詣欽州駐劄督理嚴飭各該官軍人等
加謹防禦截捕并查究各該失事人員參報及
行廉州府即查原稟准募狼兵三百名即令如

果賊勢重大前兵調用不敷就便再行酌量召
募添發防捕先將各村尚居民查行保甲之法
團結聯絡推選千長統領操練近海地方暫將
妻子家財移近安穩住所止是壯丁守家住種
軍兵打手酌量緊要地方可以四應截援處所
設營駐劄使得與村落居民互爲截勢不宜零
碎差遣使之孤危無勢致有踈虞及又案行按
察司會同布政司選委將官前去欽州住劄提
調督率官兵防禦布政司支發軍餉銀一萬兩
差官解發廉州府貯候召募狼兵工食支用該

道分巡官督同該府掌印官議處各該地方約
用狼兵若干即行差人前去附近地方將該府
原預召有狼兵作急召募齊足揀選精壯勇敢
之人方許收用就於前銀内給與工食其原議
新會東莞艚船兵夫今應否取用速議停當呈
報又據廣東按察司呈問過犯人孫正等招罪
并照參各官緣由前來又該臣會批依擬孫正
固監會審奏
請詳决馬銳准辯贖完還職餘照發落取實收附
照千戶趙繼文遵照欽奉

勅諭內事理提問招詳指揮湛翔姑行該道戒飭又
據該司呈稱該本司掌印按察使李遂會同布
政司掌印右布政使蔡雲程都司掌印按察司
按察使李遂議得安南之事據范子儀之訴則
莫宏瀷旣故而阮敬之僭竊已成據范恒心之
牒則莫正中爲叛而境內之輯睦如故參詳始
末大抵宏瀷幼弱事勢危疑於莫登庸支屬則
長正中於莫福海親次則長莫敬典阮敬與范
子儀等私抬所昵人自爲黨乘危徼倖理或有
之但莫敬典雖據人言未有實事范子儀等輙

便擁立正中夫安南地既内屬曆係
欽頒此等舉措不但無宏瀷也是以阮敬等得以爲
詞挾宏瀷攻之正中狼俱逃生備詞投訴據供
阮敬罪狀難保必無但情多曖昧事難逆億近
復據范子儀呈稱莫宏瀷已於今年二月祟病
身故阮敬避居三島僭稱等因但六月内禄天
縫身到安南親見宏瀷呈報安南官目供結又
莫登庸宗枝啚本及
天朝
勑印來歷甚明致詞亦源審據禄天縫執稱阮敬厥

人服相見天緣彼若欵於僭竊不應貶損豈此是安南尊體之從違係於莫宏瀷之生死者宏瀷名分不失則阮敬等爲盡心所事而交通武氏援立敬典乃其未彰之過若莫正中擅立是實負范子儀爲僭逆之黨而攻逼主帥誘殺官軍又其已行之惡今日之事誠宜督行廣西該道移文彼中定與期會果阮敬莫敬典別無異謀官目人等一心扶戴行令依期護送莫宏瀷親赴鎮南關聽候軍門選委兩廣二司官數員押發莫正中臨關審勘但莫宏瀷一實封廢有

歸順逆自見諸凡矯飾之詞不攻自破其處置
一切未盡事宜自可次第無所事於預設也等
因到臣又經會行左江道守巡叅將官速行太
平南寧二府掌印并督備等官會同查照節行
明文作急審勘的確明白具由通呈以憑奏
請施行又據提調欽州四峝地方指揮當志剛并
廉州府衛各呈申稱有南海衛哨軍陳賴等告
出那蘇地方糴米回至羅浮路山被夷賊五十
餘徒將米搶去打傷軍人何二奴等又蝎石衛
哨軍杜康榮等揹酒米往河洲糶賣行至羅浮

地面被夷賊七十餘徒殺傷旗軍劉官保等當
督軍兵斬獲賊級五顆并奪獲器械等因批仰
分巡海北道嚴行禁諭查議報詳又據分巡海
北道僉事陳崇慶呈稱據欽州申稱訪得安南
夷目范子儀近招集徒黨比前畧衆甚當多爲
之備具申到道看得該州地方雖奉軍門調發
官軍打手分布防守但防城河洲思勒沖包等
營地方遼隔兵寡人稀終難克濟而烏雷龍門
海口大鹿墩等港又係海船從入之路如遇潮
漲風高一帆可至若不嚴陳營伍何以昭示

天威察詳展施如蒙彰念夷情重大早乞調發精兵一千名添布防城河洲思勒冲包等處協力隄備其烏雷地面係入廉州龍門大鹿墩係入欽州俱是要口仍乞選委諳勇指揮二員前來各結大營坐鎮其地庶有備無患合用官軍糧賞等項就於廉州府庫貯銀內照例支給事完冊報等因批仰按察司會同布都二司查照軍門節行事理從長酌議速由報詳及又會行拿取原在新興地方調用目兵甯楊等土目弩手覃文舉等共三百八十名并又差人齎執

令旗令牌分投前去督調原整搠目兵忠州歸德
二州各一千名上思州五百名限十日内起程
就彼取路徑抵欽州俱聽該道分巡叅將官查
點分布營盤協同見在官軍團營操守又據分
守雷廉高肇等處地方左叅將馮文焯稟爲緊
急海洋夷賊乞添兵應援事據欽州稟稱有夷
船二百餘隻來至龍門口上指揮王廷輔督雷
州船隻并各打手對敵半日各大船俱斬小船
纜繞駕篷暫開大洋各夷乘勢入佛子地面隨
行蛋船盡爲斬壞又據該所差人稟報夷賊在

於附郭鄉村打刼復來孟涌等處燒毀房屋流
刦鄉村軍兵稀少不能爲敵弁據防守欽州城
池領哨碣石衛指揮胡紹勲呈十二月二十日
不料夷賊船一宗到抡尖峯嶺木龍村行刦擄
同州所督帶軍兵徑抵截敵數陣夷賊續到船
隻愈加勢衆難以窮敵等因切惟欽州僻瀕海
涯兵糧甚鈌地極城孤早賜區處弁發精鋭土
兵打手漢達官軍數千前來應援分布把截仍
乞兵船數十隻由海逐過等因臣又會行差官
督押歸順州戍守目兵周全等五百五十名達

官舍二十員名馳往欽州聽叅將并分巡官收
發應援併勢防守及行海北道分巡官督催雷
州府將原糴買糧米火速買完雇船裝載差官
星馳部運至欽州官倉收備接濟仍多方設法
計處要見即今再行應於何處完運或支銀買
取若干俱要運至欽州收備支應或召商買運
到彼聽從軍兵糴買應用及行督發弓箭佛朗
機銃火藥等項軍器前去欽州聽用隨據欽州
揭帖稟稱夷賊范子儀部下范子流等統發兵
船目今仍在海面流劫附海鄉村重羅荼毒但

執言莫正中久不逃回定有他舉則窮寇無依
必欲一逞勢所必至而海道相通每隨潮以爲
出沒其變若不止此若不多爲之備亟爲之圖
則邊州難以得寧等因臣又會議得安南投生
夷目莫正中等先經題
准安插聽候查勘處分至今未據的確而殘夷范
子儀等竊據海濱窮蹙無賴假以取還正中爲
詞統率黨衆突來欽州地方刦掠鄉村逼近城
郭殺傷官兵猖獗無憚據今莫宏瀷若果見存
則范子儀等實爲安南之亂賊

天朝之罪人乃敢縱悖逆干犯天常法典難容罪在
不赦所據防捕等項事宜合行會議庶盡群策
案行廣東都布按三司即行掌印官會同并該
道守巡叅將海道廣西蒼梧等道守巡等官將
前項事情逐一從長會議計處要見各該夷賊
即今應該作何防捕及見有何謀勇將官可委
何處軍兵船隻可以調用合用糧餉器械應於
何處取給及夷目莫正中等應該作何區處務
要審度事勢酌量機宜各盡群策恊于萬全一
一停當明白具由火速通呈以憑會議施行隨

據廣東布政司等衙門右布政使等官蔡雲程
等呈稱該本官會同按察司按察使李遂帶管
都司印事巡視海道副使黄光昇廣西守巡蒼
梧道右參政潘徽分守左江道右參議康朗議
照安南夷目范子儀等本以奔亡遺虜潛伏邊
隅乃敢侵犯内地殺害官軍肆無忌憚法在必
誅所據調度兵糧勘處事情節經軍門會行詳
示具有成筭似難別議但照欽州地方孤懸海
濵數被殘害實爲可虞非專官駐劄督率防截
則勢無統紀事難責成查得都指揮僉事俞大

猷沉毅有謀忠勇自信觀其區處新興等處盜
賊輙有成績用之邊徼尤爲允宜近奉兵部勘
合該巡視浙江福建地方右副都御史朱 題
該本部覆題奉
欽依改除福建近聞海寇頗已寧息若爲邊防得人
本官似應留用但奉有前項
欽依法難自便應否保留仍以原銜添註本司僉事
專一駐劄欽廉地方恊同叅將馮文焯併力防
守候事寧之日另議陞改職等擅難定奪及議
得欽廉武備单弱添發狼兵打手似不可緩相

應一面查催原調忠州歸德上思三州目兵與
先督發各該官兵悉集地方聽該道分巡叅將
官酌量多寡分布要害防守截捕相為援應及
節據都指揮俞大猷揭稱漳州藤牌手三五百
名原係本官教練服習之兵合無聽行查取不
限名數照依打手召募事例月錢之外量加犒
賞專屬本官調撥隨在皆得實用又不但欽廉
一隅之利也所議東莞烏艚等船雖稱海中戰
艦然重大難運置之外洋或為借寇之資收之
内港不免閣漏之患此海賊利涉之具非守禦

之宜也況我兵專主防衛入海逐捕風波飄轉
勢難連絡意外之虞不可不爲見經海道預備
取用烏艚船十隻每船篙工水手用二十八名
兵夫戰士須一百名之上此輩不慣海戰開洋
發暈立脚不牢恐無益於逐捕而遣以餌賊也
即今應否催取前來應用必須分巡道速行從
長議報合用糧餉即行雷州府查照軍門先行
支銀糴買將完米石催促運發欽州貯給其餘
隔遠府分即欲收買空運猶恐夷賊方且縱横
海上多爲艱阻聞之該府米價頗平合無於布

政司再發軍餉銀一萬兩差官解發該府貯庫聽其從宜折支或設法召商收買若支用將之先期申報續發并軍前賞功等用亦查照舊格於内動支俱聽該道稽覈及事完造冊觧司查考備用軍器舟戰惟火銃爲利况海舟入澳必須乘潮若先期於澳口多張佛朗機銃伺便迎擊一中可覆往有用之南頭者具見成效請於軍門查發數十把差官解彼應用至如常用鋒利器械聽從該道措處或轉行布政司於省城軍器局内查取解發指揮等官仍須選委數員

如鄒繼芳張裕范德榮等以備分投部領防截之用其餘一應機宜又在該道及參將都指揮揆勢相時同心殫力庶圖萬全非職等所能遥度而預設也再照欽州之警以取回莫正中爲詞莫正中之歸與不歸係於莫宏瀷之立與不立莫宏瀷生死之勘既實則莫正中順逆之理自明所據先次會呈事理仍乞責成速勘若彼中事體不結欽廉之間未即有觧兵之會也但參詳情勢莫正中投納經年未據處分而范子儀以窮狡之虜多方煽搆即莫宏瀷阮敬不免

與畏臨闕之斷若非區處得宜宣布有體亦恐
未必如期而至此採本善後之計惟軍門裁決
擬合會案通行呈詳等因到臣除依擬添發軍
器火藥催取領兵指揮督發原調土兵支解軍
餉銀兩及權宜暫行都指揮俞大猷移往欽州
協同各官防守截捕募取原經教習藤牌手應
用遣候事寧之日備查有功失事人員另行
奏繳一面督催廣西左江道守巡官查照節行事
理移文彼中刻期約令護送莫宏瀷親到鎮南
關聽候各該官員臨關審勘的實會議停當另

行奏
請定奪外已會同鎮守兩廣地方總兵官征蠻將
軍太保兼太子太保平江伯陳　巡按廣東監
察御史黃　議照兩廣地方俱與安南接境
在廣西則爲思明歸順龍憑等府州俱土官其
强兵勁卒足以捍制故設鎮南關凡
朝貢文移俱從此正路度關往來其廣東欽州四
峒等處雖與安南止隔海港原無相通故未設
有關隘亦無重兵防守近因夷目莫正中等被
該司追逐窮蹙越來投生得奉題

允安挿聽勘其餘黨范子儀等因得偷生海東地
方迫脅烏合日漸衆多致僞稱宣撫使私造奉
命將軍之印自具供結呈遞内開莫宏瀷已死
就乞要添兵護還莫正中爲主討平逆敬淦璹
父子母兒等情既而有欲以尚長禓天縫等先
被守備官妄差直抵安南至是回稱親見莫宏
瀷見在管事及諸宣撫使等官俱輯睦供職執
有會與簡帖爲證莫宏瀷又差人護送齎捧印
信供結俱備行三司等官審驗各似真實就此
一端則其中之順逆曲直似已大畧有可觀者

惟廣西行勘未報則以該邊府等官必欲如先
年故事令莫宏瀷親詣鎮南關面勘往來約會
彼中未有定期臣等亦以關係夷情事體重大
必得勘報的確始敢奏
聞區處而范子儀等乃敢遂以取必莫正中封還爲
詞縱兵海上往來刦掠至於逼近州城肆無忌
憚論法即當殄滅誅討以快人心但皆出於烏
合窮餓無聊之計又其出沒無常去住靡定今
安南之海東永安一府州夷民已盡被迫脅驅
爲盜賊安南力不能制已置此一府州地方於

度外若欽州即不爲備則濱海貧民受害寧有
紀極第用兵之道選將爲先見今調集各兵未
經水戰而殘夷黨衆連年海上恃爲長技非有
慣習舟師將領鼓舞操習難以濟事既經兩省
各司道等官議舉見留原任廣東都司都指揮
俞大猷乞要奏
請改還填註令其專理欽州海防盖深知本官生
長海邦經習水戰向曾用事有功者今雖已奉
欽依改官福建臣等參詳勢事在福建海防近平靖
而欽州之患則關係夷情其緩急輕重之分自

有所當權者如蒙
勅下該部再行查議倘以臣言爲不謬乞將都指揮
俞大猷仍以原銜添註廣東都司軍政僉書專
一駐劄欽廉地方操習官軍教演水戰防捕夷
賊以爲地方候事寧之日容臣等酌量功勞奏
請擢用其福建都司總督備倭都指揮員缺另行
推補庶輕重緩急各適其用遠近彼此均賴無
虞蠻夷畏而
國體尊矣惟復別有定奪緣係保留良將以安邊
方以弭夷患事理未敢擅便爲此具本請

旨
嘉靖二十八年正月二十二日
欽差提督兩廣軍務兼理巡撫兵部右侍郎兼都察
院右副都御史臣歐陽　　爲擒獲夷賊功次
事據廣東都司軍政僉書署都指揮僉事俞大
猷呈稱先因安南夷賊范子儀等劫掠欽州地
方奉軍門議召東莞新會兵船一百六十餘隻
前來防捕該廣東布政司帶管糧左參政浣應
龍廣東按察司整飭兵備兼分巡海北道僉事
陳崇慶及廉州府知府胡鰲同知趙可旦議將

前船暫泊廉州冠頭嶺北澚使夷人探望不及或再入冦相機截捕嘉靖二十八年五月初六日申時據欽州知州黄希白飛報安南賊船突入本州龍門港内流劫永樂等鄉村隨該左叅政沈應龍僉事陳崇慶知府胡鰲議行本職星馳督率指揮徐濬孫敏及各哨千百户於初七日申時至龍門海口把塞隨行指揮徐濬督船入内哨探得賊船見在鳳凰江白勒港拋泊劫掠又該左叅政沈應龍僉事陳崇慶同知趙可旦各馳赴欽州督催各兵又據知州黄希白稟

稱龍門海口原有七十二港誠恐賊船四散逋
出議將大船一哨專守龍門海口其餘船分作
十哨將調到指揮謝昌言張昰李芳王廷輔殷
紹禹胡紹勳王金李鑑各領一哨由八小港哨
入指揮徐濬孫敏各領一哨由東西二大港哨
入本職督中軍船由中港直入本月十一日申
時各至鳳凰江口會合當遇賊船結宗前來拒
敵各哨兵船向前追捕賊見我軍威勢強盛怯
退自勒港濟洄時天近晚本職料其更無他路
可出將兵船分為三疊攔塞港中號令各哨兵

船嚴行把截不得輕動以俟次早追捕是夜賊衆果乘昏屢來挑戰希圖脫出各兵船堅守不動至二十日早督率各船向前撲捕各賊駕船前來迎敵兵船齊發衝沉當鋒賊船一隻指揮徐濬親斬賊級一顆大小功全其賊手執牙頂黃旗一面上寫雲根伯字様并身帶劄付一張看係子儀僞封雲根伯姓名武我本官所管哨下千户周俞督船户袁國忠船兵斬獲夷賊一顆冠帶總旗許守成督同船户鍾德明船兵斬獲夷賊一顆百户井清督船户馮國富船兵斬

獲夷賊一顆百户王詵督船户謝公祿船兵斬
獲夷賊一顆鎮撫經世桊自斬獲夷賊一顆又
督後生蔡天啓斬獲夷賊一顆各大小功全指
揮孫敏親斬獲夷賊一顆身搜印信劄付一張
本官管下千户汪度督總甲李徤等斬獲夷賊
一顆千户張漢督總甲譚勇小甲廿勝兵夫黄
信英清陳勝蘇紹等斬獲夷賊二顆百户曾學
督兵夫何勝馮明胡勇等斬獲夷賊二顆千户
潘鄺督兵夫李廣李亮斬獲夷賊一顆指揮張
邑同後生羅亮斬獲夷賊一顆指揮謝昌言射

斬夷賊一顆大小功全千户潘鄺督兵夫梁勝
胡勝生擒夷賊二人賊船衝沉數多賊衆舍船
登岸遁入山林棄戈遺糧四散奔潰水陸官兵
乘勝踴躍人各奮勇指揮謝昌言文督歸德州
官男黄誠狼兵盧觧雲等由陸路追捕斬獲夷
賊三顆大小功全指揮徐濬孫敏等官各督官
舍兵夫後生并隨捕人後連日奪獲夷船大者
用四十二槳漸降以至二十八槳共得二十八
隻中者用二十六槳漸降以至一十八槳共得
捌拾肆隻下者用一十六槳以下共得陸拾柒

隻又小木槽船共得拾隻通共壹百捌拾玖隻
見在欄至欽州河下送左叅政沈應龍僉事陳
崇慶看驗其餘被各兵船衝沉查出二十一隻
不堪駕觧着令吏目梁拱驗明差軍王亞三等
拆來船頭二十一箇觧驗是夷人入寇之船巳
盡數奪獲並無一隻脫遁但此方山高林密接
連不斷夷賊投逃其中本月十三十四等日只
據指揮孫敏督兵區定鄧廣追斬二級大小功
全奪回婦女壹口指揮徐濤督船户鍾茂芳錢
應茂鎮撫經世業督船户馮旺兵夫黃宗與等

追逐生擒夷人共叁名緣照賊衆敗北之際不
及相約其弱者不任跋涉必盡餓死林中其強
而智者或望夷山奔逭其強而愚者不辯東西
南北饑困寘行不審歸路豈有還鄉之日又據
徐瀇督兵追捕於白勒大山石穴內得大銅印
一顆背書鎮虜將軍之印尚寶司造光紹五年
月日及據船戶屈豪等送出大銅鼓一面紵絲
衣服二件紅氈條一件船戶馮文耀趙仕豪千
長熊大賓等送出銅銃三件銅箭一十五枝又
三十九枝弓一把鏢鎗共八百七十二枝木牌

三百四十面又據指揮徐瀠孫敏各送到行術
小銅印七顆符法兵書數簿是夷賊一向行兵
全憑妖術符呪以鼓動一方之人也又據送到
一二歲兵簿數是夷賊大小統領官員皆范子
儀僞封侯伯都指揮等官也除將前後斬擒兵
二十七功并船隻銅印器械等物陸續差官觧
左叅政沈應龍僉事陳崇慶驗報等因又據廣
東布政司帶管糧儲左叅政沈應龍廣東按察
司整飭兵備兼分巡海北道僉事陳崇慶廣東
都司署都指揮僉事俞大猷會呈准都指揮俞

大猷手本亦同前因及據欽州申稱奪獲夷船乞留改作運糧及備倭旗軍駕用已經批仰同知趙可旦督同知州黄希白千户趙繼文選擇堅固大船一十五隻中船五隻共二十隻堪以運糧備倭之用餘俱相應拆毁呈報前來其生擒夷賊五名内一名因傷身死斬取首級見在四名并奪獲黄旗銅印銅鼓銅銃衣服等件類解軍門鏢鎗木牌給與各船分用首級二十三顆委官閲驗一面發府州賊行要路梟示奪回被擄婦女一口給親領回等因各到臣據此該

查先爲地方事據廣東廉州府申稱嘉靖二十七年六月十八日有安南夷目范子儀見得勘事指揮孫正與千戶朶綸百戶馬鋭在交界地貞村就領兵前來將孫正擄去殺死旗軍一人斬傷二人退回萬寧州駐營等因該臣等會行該道守巡官會同原任叅將武鸞督兵防守仍查究指揮孫正等失事緣由叅呈差官督發碣石衛指揮胡紹勳南海衛百戶朱世昌各哨官軍并順德新會東莞三縣打手銃手梁直鄒傑等通共一千四十員名前去協守續據原任叅

將武鸞禀稱本年八月十三日夷目范子儀將
孫正并旗軍送回又經會行帶管分守海北道
右𠫭議方民悅將指揮孫正千户朵綸百户馬
鋭遵照臣欽奉
勑諭内事理拏問招解隨據本官呈詳各犯招由連
人解報到臣批仰按察司再問續據廉州府欽
州申稱夷賊范子儀等駕船一十二隻至于那
隆村行劫燒屋崗長黄溥等即禀守管指揮湛
翔督發軍兵兼同地方百長打手鄉夫與賊對
敵射傷不計當斬首級二顆及獲夷賊一名解

州收審及稱有夷船四十餘隻突至龍門江口
官涌等處打劫有備倭百戶許鎮督軍對敵弓
矢用盡賊衆猖獗擄去百戶許鎮殺傷落水身
死隨據鄉夫廿奎殺獲賊級一顆解州并據蕪
州府衛各申稱有夷船五十餘隻分散各港烏
雷白皮壕利木涌等處行刼當督備倭官軍兵
壯追捕鄉夫蔣三殺獲賊級一顆被賊殺死打
手李填等二名等因各前來又經會行督催分
巡海北道僉事陳崇慶親詣欽州駐劄嚴督各
該官兵人等加謹防捕并查究各該失事人員

叅報及行按察司會同布政司選委將官前去
欽州駐劄提調布政司支軍餉銀一萬兩發廉
州府貯候召募狼兵工食支用續據廣東按察
司呈詳再問過犯人孫正等招罪幷叅各官遣
犯緣由又該臣會批依擬孫正固監會審奏
請詳決馬鋭准辯贖完還職餘照發落取實收附
照千戶趙繼文遵照欽奉
勑諭內事理提問招詳指揮湛翱姑行該道戒飭又
據廉州府衛各申稱碉石衛哨軍杜康榮等擔
酒米往河洲糶賣行至羅浮地面被夷賊八十

餘徒殺傷旗軍劉官保等當督軍兵斬獲賊級
五顆并奪獲器械等因又批仰分巡海北道嚴
行禁諭查議報詳及陸續會行掣調目兵常楊
等土目弩手韋文舉等并差人督調忠州歸德
上思等州目兵共二千八百餘名及督押歸順
州戍守目兵周全等五百五十名達官舍二十
員名前去欽州協同見在官軍團營操守及行
督發弓箭佛朗機銃火藥等項軍器前去聽用
又據欽州稟稱夷賊范子儀部下范子流等統
發兵船目今仍在海面流劄附海鄉村執言莫

正中又不送回定有他舉則窮寇無援必欲一逞勢所必至而海道相通每隨潮以爲出沒其變或不止此若不多爲之備亟爲之圖則邊州難以得寧等因又經行據廣東都布按三司右布政使等官蔡雲程等呈議保留廣東都司改除福建都司署都指揮僉事俞大猷仍以原銜添註廣東都司僉書專一整飭提調廉欽地方事寧另議陞改緣由前來該臣會同鎮守兩廣地方總兵官征蠻將軍太保兼太子太保平江伯陳 巡按廣東監察御史黃 具本題

請保留及一面暫委本官前往欽州駐劄提調并叅
廣東布政司左叅政沈應龍前去料理隨掾都
指揮俞大猷禀稱夷賊范子儀等船隻在海劫
掠應調兵船防捕等因又行廣東布政司支銀
發東莞新會二縣選募烏艚橫江大艚船并中
小哨船共一百六十餘隻兵夫後生共五千四
百名各備隨船牌鏢火藥鎗刀等器并分給九
龍五龍鎗螺獅神機箭佛朗機銃火藥等項及
於廣州府永豐倉支運米七千石附搭各船裝
載委官管領去欽州聽該道守巡叅將等官相

機調度文據廉州府禀稱嘉靖二十八年正月
十七日申時據欽州禀報本月十二日一更時
分據原差緝事蛋老符來任等報有夷船入港
即禀叅將官將調來俍兵打手軍快人等差指
揮王廷輔千户趙繼文佟一剛領去孟涌截捕
本州同叅將官固守城池至五更時分夷賊俱
各明火知兵數多叅將方出城門策應而各官
兵俱已先遁夷賊約船一百餘倭兵有四五千
人四面包圍直至城外將白沙水東阜通擇仁
中乇南乇各坊盡行燒劫架梯厚織竹笆及生

牛皮攻城本州同叅將謝力督率軍兵吏夫監
生生員吏書人等對敵而婦女俱各分事弓弩
亂發礴石俱投朗機等銃用難計數賊尚未退
或劄營天妃廟或劄營河次數處速差軍兵救
護等因稟報前來文該臣查得調到四會縣打
手葉國信等二百名田州報効目兵潘倍等三
百一十三名新會縣打手羅雄等三百名會差
神電衛指揮張昱兼同千户杜凌雲管領馳往
欽州聽守廵官并叅將馮文焯都指揮俞大猷
分布截捕及行海道副使黄光昇督催原募東

莞新會二縣兵船速往策應續又據欽州申稱
前項攻城夷賊連敵三日鎗箭傷死賊數拾餘
人賊衆扛擡而去正月十六日將船退出尖山
孟涌等處分往各村打劫乞速添兵船糧餉接
應等因臣又行催廉州府轉行同知趙可旦馳
往欽州專一管理糧餉與同本府嚴催合浦靈
山二縣并雷州府各速買糧米運到該州貯支
仍將解到軍餉銀兩多方設法召買接濟又據
廉州府申據欽州申據防守河洲營百戸秦國
藩赴州呈稱本營地方接近賊穴更皷相聞本

年正月十八日夜四更時分忽有夷賊衆多登
岸吶喊放火焼燬本營河洲村民俱逃遠山孤
營兵寡抵敵不過是夜奔走恩勤營接生等因
會批仰分巡該道究報又據都指揮俞大猷并
廉州府知府胡鰲各稟稱二月二十七八日夷
賊復來二十九日擁衆萬人直抵欽州城下先
該叅將馮文焯發兵出城策應衆寡不敵又撥
狼兵五百名劄營教場俱被衝散見在靈山路
口鋪駐劄至初一日尚未退回勢甚危急乞催
兵船并添兵前來策應又該臣等催調太平府

土官目兵共四千一百七十名馳往欽州行令
都指揮俞大猷等通將見在官兵分布哨道水
陸剿捕及行空運梧州府廣備倉米三千石暫
囤靈山縣聽候轉運接支續據神電衛指揮張
昂呈稱夷賊行劫各村本職與雷州衛指揮王
廷輔督率官兵二月二十五日至方家等村有
狼兵打手韋關王世綱等斬獲夷賊三顆生擒
二名二十六日打手黄秀等生擒二名三月初
一日田州小目曾用達官鎖德等共斬賊級一
顆新會縣打手毋榮劉亮共獲賊馬一匹初三

日各賊回船等因又經會批仰該道分巡官會
同督餉官驗實給賞賊犯研問招詳賊級梟示
及行催該道通將各該有司軍衛哨堡等官前
後失事緣由查勘的實叅呈續又據廉州府申
准本府同知趙可旦關稱本年二月二十一日
前到欽州二十四日據本州民秦廷舉等拏獲
夷賊壹名黃鴨送官審得夷船已於二月十五
日出海散劫二十五日據本州民黄本貴等拏
獲强賊一名韋旺送職審問間隨據黄亮等走
報夷賊登岸行劫夷船多集佛子嶺尖山等處

本職即同叅將馮文焯登城點視見近城各村火起一賊手執黃旗登嶺眺望乃遣指揮王廷輔帶領打手很目前去截殺續遣指揮張昆領兵策應斬獲首級三顆大小功全餘賊走散訖是夜各該官兵同城本職親驗功級明白二十六日又見近城各村火起復出前項官兵生擒夷賊一名黎丕顯寫稱范子儀督蔡精兵准於二十八日齊到攻打欽城本職與叅將馮文焯嚴行各該官兵分布防守二十七日早又見孟涌南屯等處火起本職又與馮文焯遣指揮達

官帶領五百餘兵出哨前至南乇敵退各賊奔
走登船被傷者頗多但未得其首級全師歸城
二十八日辰刻賊果乘潮再上大小船隻盡泊
天妃廟水東等處分兵圍遶州城南北各樹雲
梯一座各用一賊執旗登望分賊四面扛擡竹
笆及小木槽船越濠本職與馮文焯督率官兵
遇其越濠輒用朗機銃弓弩矢石等器打退晝
夜更番巡視初一日申刻乘賊少懈遂出奇兵
一陣斬獲賊目一名剥下青布夾衣并獲夷器
等件奪獲賊馬一疋至初三申刻賊解圍而去

城中仍出徤卒追襲其後弓弩齊發賊之在後船者多被傷死山水泛漲船下太亟不能獲取功級初八日本職遣皂隷許文實蘇朝通隨捕打手林進等二十名押同本府發到狼兵常經常鄧覃堅等二百名前去捕殺斬傷賊衆時值大雨如注首級難獲止有常經常鄧共獲二級回報等因會批仰分巡該道查報續據廉州府禀稱夷賊自三月初四日退後時聞海上炮聲自兵船至日炮聲絶聞該州蛋民如前捕魚海上無復賊踪各民亦歸耕種惟逃至遠方并附

近濱海如長墩等處者尚未歸業具禀到臣會
看得兵船稍集軍威漸張該州鄉村之民旣已
得歸耕種而四峝同新附之衆彼此被其衝突亦
當招回安業河洲防城等營間有被其燒毁亦
宜趂時脩復防守又行左叅政沈應龍僉事陳
崇慶都指揮俞大猷先將兵船調度停當就便
會同相機審勢統領各該官兵廵歷四峝地方
振揚威武督行知府胡鰲同知趙可旦招集逃
移省諭安業各相團結無力耕種者量爲助給
各營堡舊基仍酌量地利或仍舊或量移務要

據險可守與民村相近互為聲援量添軍兵每日夜四遠差人瞭望有警即報各地方營堡官兵齊集奮勇立功仍嚴禁防城一帶居民不許與夷賊交通又據廣西太平府知府周允督備龍憑地方指揮孫文繡會呈該奉臣等案驗坐委會勘安南事情各於本年五月初二日齊到鎮南關勘據該司差來宣撫阮拔萃阮倩等稱說莫宏瀷的係莫福海嫡妻潘氏於嘉靖壬寅年六月二十八日所生該司宣撫等官扶護捧守

天朝勑印權事地方俱各安輯早望軍門咨令通貢

奉甚又緣范子儀在前脅誘莫正中別生事端

走竄海岸掠邊爲亂今莫宏瀷已行叔父莫敬

典宣撫黎伯驪莫敬等提領水船由海道進攻

又一面轉差阮倩督併諒山路宣撫及府衛等

官糾率步騎由山路同進合剿黨輩緣慮范子

儀等屯聚倚向欽州邊界令他輩搔擾

天境深恐加罪安南不能管轄罪過伏乞軍門行廣

東海北守巡等官嚴督廉欽等府州調撥官兵

把截海港關隘哨堡各處嚴防毋令遯遁及請

職等轉禀軍門早定貢期乞押莫正中莫文明
等到關劄領回司完備族屬恩義其從黨男婦
名口亦望照舊回貫及稱
表箋貢物先差宣撫副使黎光賁僉事阮禮匡楊維
一等備齎至於壽昌驛守住年月已久屢次未
蒙示下等因職等又再三細審宏瀷存亡是否
其阮拔萃阮倚等即就苦留各職住劄龍州待
其就顧回司扶護莫宏瀷限五月十五日親身
到關面勘明實庶免重煩職等思之宏瀷幼冲
儻一至驗彼司未免動數千之師扶行我

天朝正係農忙之時亦未免行令思明龍州等處地
方業兵壯威况值瘴毒之地酷暑炎蒸之際道
途之勞供給之費彼此甚是不便且今已再三
嚴審明白仍復傳採輿情并與先差頭目農昌
土民閑均禓在等密察得真訖其宏瀷實是嫡
母潘氏所生見存無疑其稱貢物見出壽昌驛
等候此乃年例之貢其宏瀷請封之貢亦當另
備及稱范子儀爲患邊境恐貽伊禍安南之情
尤爲激切其稱取回莫正中等回貫一節緣莫
正中等昔日仰投軍門之心實爲投生與投主

也今稱領回設或踈虞咎有所歸理合差人馳
報施行又據各官差人齎繳安南都統使司應
襲都統莫宏瀷申爲乞奉
天憲以安地方事莫宏瀷自受囑權事來惟遵依
天朝原降先祖父
勑諭撫理人目安静地方比因族孽莫正中起亂於
海陽撫路合境臣民聲義討之于時莫宏瀷幼
未及知今覺慝正中廼先祖都統莫登庸庶子
圖僭作叛未必出於本心秖緣奸臣阮如桂范
子儀等之所脅誘以致惹罪然

天道好還無毫髮爽如桂果不旋踵隨即送尸若正
中該司果有令示能自首革待以不死而正中
懼罪弗歸越境走透奉
天朝文武大臣議照
奏處該奉安捕正中得以苟生然好善惡惡天下
同情豈有惡於該司而好於
天朝者但今
天朝既示好生之廣該司何忍惡惡之甚宏漢仍差
宣撫阮掞華阮倩等前赴鎮南大關聽候
天朝太平府掌印周知府督備龍憑地方孫指揮等

會審轉稟
欽差軍門令送正中文明等到關示下劄領回司再
許備族屬以全親親之義其從黨男婦名口亦
望劄還訖聽照舊回貫各得安居以體生生之
造若范子儀前脅誘正中後再別起邪謀走黨
海岸竊掠邊隅罪不可赦就令宏瀷巴行委叔
父莫敬典宣撫黎伯驪莫敬等提領水船由海
道進并一面轉差阮倩督併諒山路宣撫及府
衛等官糾率步騎由山徑進合剿子儀黨羣緣
慮子儀所屯聚係倚同欽州近界如極討窮追

恐他或透擾
天境又重安南管轄之過伏乞軍門行廣東海北道
守巡等官嚴督廉欽等府州調發官兵把截海
港關隘各加防謹毋令子儀透容廉該司所差
目兵得便擒捕以安地方這重大事體並干係
天朝法憲宏濩不敢唐突擅便等因各到臣又行海
北道守巡等官嚴督官兵加謹防截去後今據
前因隨又據都指揮俞大猷禀稱本年六月初
二日據欽州送到峝長黄鳳陽等報稱走散夷
賊死于山溪者不計其數等因前來臣會同總

兵官平江伯陳　議照安南夷賊范子儀本以窮蹙殘虜偷生海畔迫脅夷民擅自署置詹熖已炎於夷土流毒敢肆於近疆該都統使司以莫正中等方投訴向隱忍而不敢問臣等亦以莫正中等在勘處節撫諭以務曲全乃敢益肆兇強畧無省悟流劫鄉村燒燬營堡敵殺官兵攻圍城郭欽州沿海之蓄積被其剽掠四峝新附之人民遭其殘破罪惡貫盈神人共憤節該臣等督調官兵船隻行委左叅政沱應龍都指揮俞大猷會同該道分巡等官分布水陸剿捕

各賊聞知不敢窺欽州者纔二月餘茲復動衆
數千連二百餘艘深入搶掠仰伏
天威將士用命分十哨以遏其奔逸聯三疊以塞其
衝馳一鼓而敗之至於隻舟莫返向之所恃爲
長技者曾不得一執戈而相角馬令查船隻之
衝沉山箐之奔竄其賊衆死亡之數雖未知的
確然人迹素不通之地輜重已盡棄雖印信劄
付尚委不顧縱能忍饑餓風日躋緣萬山以尋
歸路所存能幾士民之忿似可少泄地方之患
似可暫紓但元兇未除孽本尚在該都統使司

雖申稱遣師合剿夷情難測目前之安未可長
恃意外之變所當預圖除臣等嚴行各官加謹
防禦毋懈於前遇有夷賊出沒奮力追捕并行
各官將擒獲夷賊譯審招詳獲功人役照格給
賞其有功失事官員候事寧之日查勘明實分
别重輕與安南都統使司年例脩貢及莫宏瀷
之承襲莫正中等之遣回各項事情候貢使至
日會集兩廣三司等官再審勘的確從長計議
俱另行具
奏外緣係擒獲夷賊功次事理爲此具本題

知

嘉靖二十八年六月初七日

交黎勦平事畧卷之三

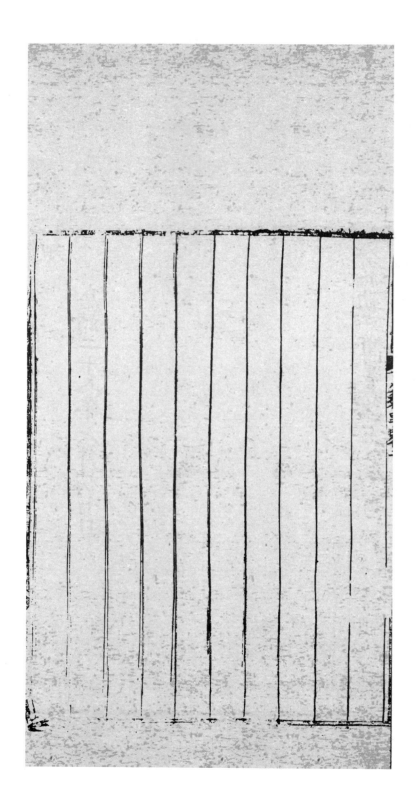